Les porcelets ne regardent pas la télévision

Texte : Trina Wiebe

Illustrations :
Marisol Sarrazin

Adaptation française :
Manon Lorange

Les presses d'or®

À mon époux, Andy, pour sa patience infinie et la confiance inébranlable qu'il me témoigne.

Les porcelets ne regardent pas la télévision
Inspiré de la série *Abby and Tess Pet-Sitters*™,
conçue par Lobster Press™

10, rue Notre-Dame, bureau 300, Repentigny (Québec)
Canada J6A 2N9

Cliquez-nous à www.lespressesdor.com

Dépôt légal : 2e trimestre 2001.

Isbn : 1-552253-92-9.

Imprimé au Canada.

Table des matières

1 Un animal de compagnie normal 1
2 Les gardiennes idéales 7
3 Coup de théâtre 13
4 De plus en plus bizarre 17
5 Abby navigue dans Internet 21
6 Des intrus ! 27
7 Une intervention stupide 33
8 De la mousse de savon au chocolat ? .. 37
9 Prissy proteste 43
10 Drôles de céréales 49
11 Après l'ouragan 55
12 Le dilemme d'Abby 61
13 Le piège 65
14 De bonne heure sur le piton 69
15 Le plan de secours 73
16 Voir, c'est croire 79
17 La leçon d'Abby 85

1 Un animal de compagnie normal

–Je réponds ! crie Abby tandis qu'elle traverse le corridor à toute allure jusqu'à la cuisine.

Le téléphone sonne de nouveau avant qu'elle puisse décrocher le récepteur.

–Allô ? dit-elle, essoufflée.

–Oui, bonjour, dit une voix de femme dans son oreille. Puis-je parler à Abby ou à Tess, s'il vous plaît ?

Le cœur d'Abby bondit dans sa poitrine. C'est peut-être l'appel tant attendu. Il y a des semaines qu'on ne les a pas appelées pour du travail.

–C'est Abby à l'appareil, répond-elle en essayant de contenir son enthousiasme.

–Ici Mme Fitzpatrick. J'ai vu votre affiche dans l'animalerie de Jeremy Nakama. Tu es bien une gardienne d'animaux ?

Abby fait quelques pas de danse. C'est l'appel qu'elle attendait.

–Oui, c'est exact, répond-elle en prenant sa meilleure voix de professionnelle. Ma petite sœur et moi sommes des gardiennes d'animaux d'expérience. Que puis-je faire pour vous ?

Abby a répété ces paroles maintes et maintes fois devant le miroir de la salle de bains. Elle veut paraître adulte et sérieuse lorsqu'elle est au téléphone avec des clients. Les propriétaires doivent savoir qu'ils laissent leurs animaux de compagnie en bonnes mains quand ils s'absentent. Et tout ce qu'elle vient d'affirmer est absolument vrai. Les deux sœurs ont de l'expérience à revendre avec les animaux de compagnie. Elles ont pris soin de deux poissons rouges bien propres et d'un méchant lézard. Elles peuvent s'occuper de n'importe quoi.

–Eh bien, dit Mme Fitzpatrick, je dois aller à l'extérieur de la ville afin de participer à un séminaire de trois jours ! Je ne veux vraiment pas laisser Prissy toute seule, car elle a tendance à s'ennuyer.

Il y a un bruit sourd à l'autre bout du fil, suivi d'une série de courts jappements. Mme Fitzpatrick rit.

–D'accord, Prissy, maman va raccrocher dans un instant. J'ai besoin de quelqu'un pour la nourrir chaque jour et pour lui tenir compagnie, dit-elle à Abby. Est-ce que le travail t'intéresse ?

Abby affiche un grand sourire. Et comment !

–Oui, certainement, répond-elle. Dites-moi seulement quand et où.

Abby griffonne l'adresse et l'heure de la rencontre et remercie poliment Mme Fitzpatrick. Elle raccroche le récepteur et pousse un cri de joie. « Un contrat ! Quand Tess va savoir ça ! »

Abby sait que Tess va être emballée, elle aussi. Tess adore les animaux presque autant qu'elle et c'est la raison qui a incité les deux sœurs à démarrer leur entreprise de gardiennage d'animaux. Leur amour des bêtes, et aussi le fait que les animaux sont interdits dans l'immeuble à logements où elles habitent. Abby trouve ce règlement stupide, mais il l'embête moins maintenant qu'elle s'occupe des animaux de compagnie des autres.

Abby traverse le couloir à toute allure jusqu'à la chambre à coucher qu'elle partage avec Tess. Elle ouvre brusquement la porte. De son côté, il y a un lit bien fait, un bureau bien rangé et une étagère remplie de livres sur les animaux. Du côté de Tess, les draps sont froissés, le coffre à jouets est à moitié vide et la plupart des tiroirs de la commode de bois sont tirés.

–Tess ! crie Abby. J'ai des nouvelles formidables !

–Ouah !

Tess est penchée vers l'avant, le dos tourné à la penderie. Elle ramasse vigoureusement des jouets et du linge sale en tentant de les projeter entre ses jambes à l'intérieur de la porte ouverte. On dirait un chien qui est en train de creuser un trou pour son os, mais, au lieu que ce soit de la terre qui vole partout, ce sont des chaussettes et des sous-vêtements.

Abby regarde le fouillis fixement.

–Qu'est-ce que tu fais ?

Tess s'arrête et lève les yeux vers sa sœur.

–Maman a dit qu'il faut que je range mes affaires avant de pouvoir regarder des dessins animés. C'est ce que je fais.

Abby soupire. Tess est un peu singulière. Elle jappe après les étrangers et elle hurle quand elle est contrariée. Elle aime se promener dans l'appartement en tenant le journal du samedi entre ses dents. Il lui arrive même parfois de penser qu'elle a des puces. Son comportement a déjà agacé Abby, mais plus maintenant. Enfin… la plupart du temps, en tout cas.

–Pourquoi ranges-tu comme ça ? demande Abby en secouant la tête.

Les affaires de Tess ne se sont pas toutes

rendues jusque dans la penderie. Il y a des choses qui ont atterri un peu partout et la chambre est aussi en désordre qu'auparavant.

–Ça n'a pas de sens. Ça te prendrait deux fois moins de temps si seulement tu t'y prenais de la bonne manière.

–Qui a appelé? demande Tess en changeant volontairement de sujet.

–Ah oui! répond Abby en s'égayant. On nous a confié un autre contrat de gardiennage! Pour trois jours complets!

Tess s'assoit sur son derrière et dévisage Abby.

–C'est vrai?

Abby fait signe que oui.

–J'ai dit à la cliente qu'on passerait chez elle demain, après l'école.

Tess jappe gaiement.

–Quelle sorte d'animal est-ce?

–Un chien, répond Abby. Je l'ai entendu japper pendant que Mme Fitzpatrick me parlait au téléphone. Elle s'appelle Prissy.

–Une chienne? murmure Tess.

Elle écarquille les yeux. Elles n'ont jamais gardé un chien auparavant.

–Vraiment?

–Ouais! répond Abby. C'est génial, non? On va enfin avoir la chance de s'occuper d'un animal de compagnie normal.

2 Les gardiennes idéales

Le lendemain, Abby et Tess se rendent chez Mme Fitzpatrick sans problème. Abby est déjà passée plusieurs fois par là, car sa meilleure amie, Rachel, habite le même quartier.

Mme Fitzpatrick a une grosse maison égayée par de nombreuses fenêtres reluisantes. L'avant de la maison est agrémenté d'une grande véranda qui renferme des meubles élégants en osier. Des fioritures blanches forment un motif de dentelle le long du toit et un lierre vert délicat rampe sur les murs.

–On dirait une photo de magazine, tu ne trouves pas? chuchote Abby tandis qu'elles s'approchent de la porte d'entrée.

–Ouah! convient Tess, qui regarde fixement les pots de géraniums qui sont placés à une égale distance le long de la balustrade de la véranda.

Elles montent l'escalier et Abby sonne à la porte. C'est Mme Fitzpatrick qui répond. Elle est vêtue d'un tailleur gris pratique au tissu doux et luisant. Ses cheveux flottent sur ses épaules dans une coupe sans chichi. Elle sourit aux filles.

–Bonjour, dit-elle brusquement. Vous êtes exactement à l'heure. Entrez, je vous en prie.

Sa dernière phrase n'est pas vraiment une invitation. Mme Fitzpatrick semble être le genre de personne qui a l'habitude de donner des ordres.

Abby et Tess entrent dans la maison et entendent aussitôt plusieurs petits jappements aigus qui proviennent du fond de la maison. Mme Fitzpatrick se retourne et crie : « Prissy ! Arrête-moi ça tout de suite. Fais la bonne fille. »

On entend un fracas, puis les jappements cessent.

Elle les conduit dans la salle de séjour où s'entassent de gros meubles qui doivent avoir coûté cher. Il y a des plantes partout, dont plusieurs sont en fleurs. Abby en reconnaît une seule, une violette africaine duveteuse de la même couleur que son nom, comme celle de sa mère.

– Veuillez vous asseoir, dicte Mme Fitzpatrick.

Abby examine le canapé. Il est couvert de jouets. Elle jette un coup d'œil autour de la pièce et remarque qu'il y a des jouets partout. Elle se demande combien d'enfants habitent dans la maison. Il doit y en avoir plusieurs. Abby et Tess n'ont pas autant de jouets à elles seules !

Abby écarte une poupée à demi débarrassée de ses vêtements de bébé ainsi que de gros blocs de construction en plastique afin de s'asseoir. Tess se fait une petite place à côté d'elle.

–Je vais m'absenter pendant trois jours, commence Mme Fitzpatrick, qui est assise en face d'elles. À compter de demain. Nous disons donc samedi, dimanche et lundi. Ça vous convient ?

–On a congé lundi, se dépêche de lui assurer Abby. C'est une journée pédagogique.

Mme Fitzpatrick fait un signe affirmatif de la tête et pianote avec ses doigts sur le bras de sa chaise.

–Bien. Ça fait mon affaire. Prissy doit être nourrie et toilettée, mais je veux également que vous lui teniez compagnie. Elle s'ennuie

terriblement lorsque je m'absente. J'aimerais que vous jouiez avec elle pendant une heure tous les matins. Vous serez bien payées, évidemment.

Abby sourit. Les choses s'annoncent plutôt bien.

–Prissy déteste aller au chenil. C'est tellement dur pour elle de se retrouver dans un endroit étrange avec des gens qui ne se soucient pas vraiment d'elle. La dernière fois qu'elle y est restée, elle a été perturbée pendant des jours. J'espère que cet arrangement rendra notre séparation plus facile pour elle.

–Nous allons faire de notre mieux, dit Abby.

–Oui, bien sûr, réplique Mme Fitzpatrick.

Elle s'arrête et pose son regard sur Abby.

–Je ne sais pas pourquoi, mais je m'attendais à ce que tu sois plus vieille. Tu as de l'expérience avec ce genre de chose, n'est-ce pas ?

Abby acquiesce énergiquement de la tête.

–Oh que si ! On s'est occupé de toutes sortes d'animaux. Nous sommes les gardiennes idéales.

Elle jette un coup d'œil à Tess en espérant qu'elle n'ira pas dire qu'elles ont seulement gardé des poissons rouges et un lézard.

Mme Fitzpatrick semble se décider.

–Bien, dit-elle en se levant et en défroissant sa jupe avec ses mains. Allons voir ce que Prissy en pense. Suivez-moi.

Abby et Tess se lèvent docilement et se mettent au pas derrière elle. Elles doivent avancer avec précaution afin d'éviter de trébucher sur les balles de caoutchouc et les quilles de plastique qui traînent çà et là.

–Je me demande quelle sorte de chien c'est, chuchote Abby à Tess dans le dos de Mme Fitzpatrick.

Tess saute par-dessus un canard jaune en caoutchouc en évitant de justesse un camion à bascule.

–J'aimerais avoir autant de jouets, réplique Tess en chuchotant. Maman ne me laisse jamais faire un fouillis comme ça.

Abby fait signe à Tess de se taire. Mais elle se dit qu'il y a du vrai dans ce qu'elle dit en regardant autour. Les enfants de Mme Fitzpatrick doivent être royalement gâtés.

Elles pénètrent enfin dans la cuisine. Il n'y a personne, même si on aperçoit encore des jouets ainsi que d'autres indices de la présence de Prissy un peu partout. Un jouet grinçant en caoutchouc en forme de banane se cache sous la table. Une laisse rose est enroulée autour du dos d'une chaise. Et des plats de nourriture et d'eau ont été déposés côte à côte sur le plancher, à côté de deux portes de jardin vitrées.

Abby et Tess peuvent voir d'autres jouets dans la cour à travers les portes. Une pataugeoire en plastique pourpre entourée de jouets de plage gonflables est installée sous un gros arbre.

Mais il n'y a personne dans la cour.

–Où sont vos enfants ? demande Tess, qui parle pour la première fois.

–Mes enfants ? répond Mme Fitzpatrick, qui semble étonnée, mais je n'ai pas d'enfants. Mon travail de programmeuse en informatique est très exigeant et je suis souvent appelée à voyager. Je vis seule avec Prissy et c'est la raison pour laquelle j'ai besoin de quelqu'un pour lui tenir compagnie pendant la fin de semaine.

Abby lève les sourcils. Elle n'a pas d'enfants ? Alors, tous ces jouets doivent appartenir à sa chienne. Elle est assez gâtée, merci !

Mme Fitzpatrick traverse la cuisine et se tient à l'entrée d'un long corridor.

–Prissy ? crie-t-elle. Viens, mon ange. Tu as des invitées.

3 Coup de théâtre

– Prissy, crie de nouveau Mme Fitzpatrick. Maman a quelque chose que tu aimes.

Tess saisit la main d'Abby en la pressant d'avancer. Elles regardent autour de Mme Fitzpatrick en espérant entrevoir Prissy.

Un moment passe. Mme Fitzpatrick se tourne vers les filles.

– Prissy n'a pas l'habitude d'être timide. Elle fait peut-être une sieste. Sa chambre est par ici.

Un chien qui a sa propre chambre ? Abby n'arrive pas à y croire. Dire qu'elle doit partager la sienne avec Tess.

– Prissy tient à son intimité, explique Mme Fitzpatrick en leur faisant traverser le corridor.

Elle s'arrête devant une porte décorée d'une jolie boucle rose.

– Elle est très sensible.

– Moi aussi, réplique Abby presque automatiquement, c'est-à-dire que… j'aime être seule, moi aussi.

Elle n'ose pas regarder Tess. Elle a peur qu'elle se mette à rire sottement.

Mme Fitzpatrick frappe doucement et

ouvre la porte. Abby et Tess se pressent derrière elle, curieuses de voir à quoi peut bien ressembler une chambre privée pour un animal de compagnie.

La chambre est petite, mais une fenêtre agrémentée d'un rideau à volant laisse entrer la lumière du soleil et rend la pièce claire et gaie. Les murs roses sont décorés à la mi-hauteur d'une bande de papier peint au motif de boutons de roses. Il y a des jouets, des balles et des oreillers éparpillés ici et là.

–Que c'est mignon ! s'exclame Mme Fitzpatrick. Elle s'est endormie. Mais je suis certaine qu'elle ne m'en voudra pas si je la réveille. Vous mourez d'envie de la rencontrer.

Tess se gratte nerveusement derrière l'oreille gauche. Abby comprend ce qu'elle ressent. Elle ne sait pas trop à quoi s'attendre, elle non plus.

Elles regardent Mme Fitzpatrick s'approcher d'un panier blanc en osier. À l'intérieur du panier, elles découvrent un édredon rose et blanc duveteux qui est tout chiffonné au centre. Abby le regarde fixement. Depuis quand les chiens dorment-ils sous des couvertures ?

Mme Fitzpatrick s'agenouille à côté du panier et pose doucement sa main sur l'édredon.

–Prissy, dit-elle doucement. Réveille-toi, ma chérie. Tu as de la visite.

On entend un grognement, puis la couverture bouge. Abby et Tess regardent, impatientes d'apercevoir l'animal de compagnie le plus gâté du monde entier.

On entend un autre grognement, suivi d'un éternuement. L'édredon frémit et glisse tandis que Prissy s'assoit et pousse un jappement endormi.

–Mais… balbutie Abby, qui regarde fixement le museau rose et rond de Prissy et ses oreilles roses tombantes.

Prissy est encore presque entièrement dissimulée sous l'édredon, mais Abby sait ce qu'elle va voir quand le reste de l'édredon va tomber. Quatre pattes avec des sabots et une queue en tire-bouchon.

Prissy est un cochon.

4 De plus en plus bizarre

Prissy jappe de nouveau et Abby jurerait qu'elle rit d'elles.

–Ouah ! Ouah ! réplique Tess, ravie de sa nouvelle amie. C'est un cochon.

–Évidemment, dit Mme Fitzpatrick d'un ton neutre. Prissy est un cochon ballonné vietnamien. Ce type de cochon est généralement pourvu de taches noires, mais pas elle. Il faut dire qu'elle n'est encore qu'un bébé. Elle va avoir trois mois la semaine prochaine.

Mme Fitzpatrick prend la tête de Prissy dans ses deux mains et approche son nez de son groin humide.

–Maman a promis qu'elle serait à la maison pour célébrer l'anniversaire de Prissy, pas vrai ? Mais oui, elle l'a bien dit. On va faire une fête merveilleuse, n'est-ce pas ?

Abby ne sait pas quoi dire.

–Je peux la caresser ? demande Tess.

–Mais bien sûr que tu peux. Les cochons ballonnés sont merveilleusement affectueux. Prissy aime particulièrement se faire gratter derrière les oreilles.

Tess fait un grand sourire.

–Moi aussi !

–Mais elle jappe, bafouille Abby. Les cochons grognent. Ils ne jappent pas.

Mme Fitzpatrick montre à Tess l'endroit exact où Prissy aime qu'on la gratte, puis elle lève les yeux vers Abby.

–Prissy jappe pas mal, en fait. C'est sa façon d'accueillir les gens ou d'attirer mon attention. Elle grogne et elle pousse son cri aussi. Et si je dois la réprimander quand elle fait sa vilaine fille, elle va même jusqu'à pousser des cris aigus.

–Ça ressemble à Tess, marmonne Abby en secouant la tête.

Elle est déçue de voir un cochon quand elle s'attendait à un chiot. Elle rêve de garder un bébé chien.

–Allons, Abby, dit Tess en essayant de l'amadouer tout en chatouillant Prissy sous le menton. C'est amusant dis donc. Je parie qu'elle aime aussi qu'on lui flatte le ventre.

Prissy grogne gaiement. Comme si elle avait compris les paroles de Tess, elle se roule sur le dos et remue ses petites pattes en l'air.

Abby ne peut s'empêcher de sourire. Garder Prissy ne sera peut-être pas si mal après tout. Mais c'est bizarre. Que fait une programmeuse avec un cochon comme animal de compagnie ? Mme Fitzpatrick semble tellement intelligente et raisonnable.

Abby regarde de nouveau autour de la chambre. Une grande armoire en bois est adossée à un mur. Avant qu'elle ait eu le temps de demander ce qu'il y a à l'intérieur de l'armoire, Mme Fitzpatrick traverse la pièce et ouvre la porte en la tirant.

– Les provisions et les articles de toilette de Prissy sont ici, explique-t-elle.

Abby regarde les tablettes fixement. Une panoplie d'hydratants et de shampooings, un écran solaire et toutes sortes de trucs y sont entassés. Abby songe au meuble de rangement de la salle de bains chez elle. Il a l'air vide par rapport à celui-là.

– Ça, c'est la nourriture de Prissy, dit Mme Fitzpatrick, qui se penche pour toucher à un grand sac sur la tablette du bas. Comme ses éleveurs lui donnaient de la nourriture pour porcs ordinaires au lieu de lui offrir des aliments spécialement conçus pour les cochons miniatures, elle doit maintenant suivre un régime strict. Une pelletée chaque jour. Ni plus ni moins. Évidemment, elle peut manger des fruits et des légumes à volonté.

– Elle aime les fruits et les légumes ? demande Abby.

– Oui, bien sûr. Ils sont excellents pour sa

digestion, répond Mme Fitzpatrick.

– Ah ! réplique Abby.

Elle regrette de ne pas avoir apporté son carnet et un crayon. Son sac à dos ne contient qu'un sac à lunch chiffonné et des vêtements de gymnastique qui sentent mauvais. Elle était tellement certaine que Prissy était un chien. Elle a mémorisé ses livres sur les chiens depuis belle lurette, mais elle ignore tout des cochons. Si seulement elle avait pu faire un peu de recherches.

– Ça, c'est pour le bac à litière, poursuit Mme Fitzpatrick en montrant un deuxième sac du doigt. Vous devrez également le nettoyer tous les matins.

Abby n'est pas certaine d'avoir bien entendu. Elle échange des coups d'œil perplexes avec Tess. Leur grand-mère Ida habite à la campagne et ses voisins ont des cochons. Ils mangent, dorment et font leurs crottes à l'extérieur ou bien dans la grange. Les bacs à litière, c'est bon pour les chats.

Mais il y a effectivement un bac à litière, là, dans un coin de la chambre. C'est le genre de bac qui a des parois et un toit ainsi qu'une ouverture à l'avant et une poignée de transport. À travers l'ouverture, Abby peut voir une couche de matière grise grumeleuse qui recouvre le fond du bac.

Décidément, ce contrat s'annonce de plus en plus bizarre.

5 Abby navigue dans Internet

De retour à la maison, Abby met l'ordinateur en marche et entre en communication avec Internet. Elle tape l'expression « cochon ballonné » et clique une fois. Tess gigote sur un tabouret à côté d'elle et se cogne contre son bras.

– Arrête de bouger, dit Abby impatiemment. Tu vas me faire faire une bêtise.

Tess ronchonne, mais elle reste assise sans bouger. Elles regardent ensemble l'écran devant elles. Il clignote, puis il se remplit de mots et d'images. Abby observe la longue liste de liens sur les cochons ballonnés que leur moteur de recherche a trouvés.

Elle ignore vraiment tout des cochons ballonnés. Elle n'a pas de livres sur ces bêtes dans sa chambre. Et elle était tellement certaine que Prissy était un chien qu'elle n'est pas allée à la bibliothèque comme elle a l'habitude de le faire lorsqu'elle obtient un contrat de gardiennage.

Abby adore faire des recherches sur les animaux dans Internet. À ses yeux, les ordinateurs sont extraordinaires. Elle admire leur façon de stocker des milliers de renseignements, toujours

parfaitement classés, qui n'attendent qu'à être récupérés. Lorsqu'elle sera vétérinaire, Abby aura un ordinateur dans son bureau.

–Super ! dit-elle en contemplant l'écran. Il y a des centaines de liens.

–As-tu trouvé ce que tu cherchais ? demande sa mère en remuant rapidement la sauce à spaghetti qui bouillonne dans sa marmite.

Elle délaisse la cuisinière et se rend au poste de travail.

–Ça, par exemple ! Je ne savais pas que les cochons ballonnés étaient des animaux de compagnie aussi populaires.

Abby hausse les épaules désespérément.

–Je ne sais pas par où commencer.

Tess jappe impatiemment et frappe la liste du doigt.

–Essaie celui-là.

Son doigt est tombé sur un lien intitulé « La page de Patti et de son cochon ». Abby grogne. Pointer le doigt sur l'écran à l'aveuglette n'est pas la méthode de recherche la plus fiable. Abby préfère lire toute la liste avant de décider ce qu'elle va faire ensuite.

– Je ne crois pas… commence-t-elle.

Tess jette un coup d'œil sur sa mère afin de s'assurer qu'elle ne regarde pas et donne un coup de pied en douce sur la chaise d'Abby.

– Tu penses trop, se plaint-elle. C'est ennuyeux.

Tess n'examine jamais les choses en détail. Elle aime agir en premier et réfléchir après, ce qui explique pourquoi elle est toujours en train de casser quelque chose et de se tromper. Abby est exactement le contraire et fière de l'être.

– D'accord, dit Abby avant que Tess s'empare de la souris.

Elle aimerait que sa sœur aille se faire voir ailleurs et qu'elle la laisse faire ses recherches toute seule. Mais, si elle le lui dit, Tess voudra rester encore plus longtemps.

Abby clique sur « La page de Patti et de son cochon » et de nouvelles images commencent aussitôt à se former à l'écran. Les mots arrivent en premier, puis des photos apparaissent les unes après les autres.

Sa mère rit.

–Regardez-moi ça !

Un cochon ballonné malheureux dans un carrosse à l'ancienne les regarde fixement. Un bonnet plissé est attaché sous son menton. Le nom Petunia figure sous la photo.

Abby fronce les sourcils.

–C'est ridicule.

Il y a d'autres photos aussi. L'une d'entre elles montre Petunia dans un maillot de bain à la plage. Sur une autre, elle porte une toque et mange une pomme. Il y a également une photo dans laquelle elle fait semblant de taper à l'ordinateur.

Leur mère secoue la tête.

–Ça me paraît effectivement plutôt ridicule. Comment peut-on vouloir garder des cochons comme animaux de compagnie ?

Abby songe à Mme Fitzpatrick. Pourquoi une personne qui travaille avec les ordinateurs, comme Mme Fitzpatrick, voudrait-elle être accueillie à la maison par un cochon à la fin de la journée ? Les ordinateurs sont rapides, précis et logiques, tandis que les cochons sont tout le contraire : ils manquent de dignité, de rigueur et ils sont imprévisibles. C'est insensé.

–Je ne comprends pas, moi non plus,

maman. Mais Mme Fitzpatrick traite Prissy comme un petit enfant. Un enfant gâté pourri. Prissy a même sa propre chambre.

–Ouah ! acquiesce Tess. Elle a une piscine aussi.

Leur mère lève un sourcil.

–Vraiment ? Cette truie semble être très chanceuse.

Abby trouve un lien intitulé « Animaux domestiques exotiques » et clique dessus. Elle parcourt l'information rapidement. Il y a toutes sortes de faits intéressants. Comme il manque encore de l'encre dans l'imprimante, elle fouille dans le tiroir du bureau jusqu'à ce qu'elle trouve du papier ligné et un crayon.

Elle commence à prendre des notes en levant les yeux vers l'écran. Comme elle l'espérait, Tess finit par s'ennuyer et par s'en aller. Abby l'entend traverser le corridor d'un pas nonchalant en se dirigeant vers l'atelier de peinture de sa mère.

Abby remplit quatre pages de son écriture soignée. Elle dépose enfin son crayon et se frotte les yeux. D'après sa montre, elle écrit depuis plus d'une heure. Elle s'étire, puis elle éteint l'ordinateur. Elle se sent beaucoup mieux maintenant qu'elle est armée de renseignements.

Ses notes regorgent de faits utiles. Par exemple, les cochons ballonnés ont été très populaires dans la seconde moitié des années 80. On payait alors jusqu'à 20 000 $ pour un porcelet. C'est le prix d'une voiture neuve ! Les gens achetaient parfois des cochons de ferme ordinaires par erreur et ils avaient toute une surprise quand leurs gorets miniatures atteignaient plus de 136 kilogrammes sur la balance. Abby sourit en s'imaginant l'expression des gens lorsque leurs cochons domestiques finissaient par peser plus qu'eux.

Abby découvre également que les cochons ballonnés sont plutôt intelligents. Plus intelligents que les chiens, selon le site Web « Animaux domestiques exotiques ». Mais Abby a du mal à le croire. Si les cochons sont si intelligents, comment se fait-il qu'il n'y ait pas de cochons-guides ou de cochons de garde ou de cochons de recherche et de sauvetage ?

Abby rassemble ses notes et elle les agrafe. Elle peut désormais se procurer du bout des doigts tout ce dont elle a besoin sur les cochons ballonnés. Elle sait ce qu'ils aiment et ce qu'ils n'aiment pas, elle connaît leurs habitudes, les bruits qu'ils font, les jeux qui leur plaisent…

Elle est prête à s'occuper de Prissy.

6 Des intrus !

Le samedi, Abby et Tess prennent de bon matin la direction du quartier de Mme Fitzpatrick. Au bout de vingt minutes, elles aperçoivent la maison de briques rouges. Abby accélère le pas. Maintenant qu'elle sait à quoi s'attendre, elle a vraiment hâte de s'occuper de Prissy.

Tess passe au trot afin de pouvoir la suivre.

–Est-ce que la dame va être là ? demande-t-elle en haletant légèrement.

–Non, répond Abby en mettant la main dans le col de son t-shirt pour prendre ses clés.

Elle porte toujours la clé de leur appartement bien en sécurité autour de son cou et, aujourd'hui, la clé de la maison de Mme Fitzpatrick pend à côté d'elle sur la ficelle.

–Elle a dit qu'elle s'envolait tôt ce matin. Prissy est seule à la maison.

Elles empruntent l'allée de briques qui mène au porche à l'avant de la maison. Mme Fitzpatrick dit que c'est une véranda. Tess monte les marches en courant devant Abby et touche à la porte.

–J'ai gagné, s'écrie-t-elle la langue pendue, en tentant de retrouver son souffle.

Ignorant Tess, Abby ouvre la porte moustiquaire et insère la clé dans la serrure de la lourde porte de bois qui est derrière. Elles entendent aussitôt japper à l'intérieur de la maison. Si Abby n'était pas au courant, elle jurerait que c'est un caniche ou un terrier qui jappe comme cela.

–Ouah ! Ouah ! répond Tess en grattant à la porte avec sa main. Ouah !

Prissy glapit à son tour. Le son perçant est à peine assourdi par le bois épais de la porte. Abby roule les yeux. Une fille et une truie qui jappent toutes les deux comme des chiens. Elles vont bien ensemble.

Lorsque la porte s'ouvre, Tess bouscule Abby et court tout droit vers Prissy, qui attend avec impatience. Elles se saluent comme des amies de longue date qui se sont perdues de vue. Abby remet la clé dans son col et ferme la porte derrière elle. En poussant un soupir, elle évite Tess et Prissy, qui roulent sur le tapis en jappant et en grognant gaiement.

–Allez, vous deux, dit-elle en faisant des zigzags afin d'éviter les jouets. C'est l'heure du déjeuner.

Prissy fait un bruit qui tient du grognement et du cri et se dépêche de suivre Abby jusqu'à la cuisine. Tess saute sur ses pieds et court après elles en riant nerveusement.

–On dirait presque qu'elle me comprend, dit Abby avec étonnement.

Mme Fitzpatrick prétend que Prissy connaît plus d'une quinzaine de mots différents. Ses recherches lui ont permis de découvrir que les cochons sont intelligents, mais à ce point-là ?

Abby s'arrête brusquement.

–Tess, as-tu entendu quelque chose ?

Tess trébuche sur Prissy, qui, apeurée, pousse un cri et file à toute allure.

–Quoi ?

Abby tend l'oreille à la recherche du son qu'elle croit avoir entendu. Elle n'entend rien. Elle hausse les épaules.

–Laisse faire. J'ai cru entendre une voix, c'est tout.

Tess grogne.

–Tu as dit qu'il n'y avait personne à la maison.

– Je sais.

Abby commence à marcher vers la cuisine.

– Mes oreilles doivent me jouer des tours.

Elle fait deux autres pas, puis elle s'arrête.

– Ah ! murmure-t-elle d'un ton féroce. As-tu entendu ça ?

Tess penche la tête de côté.

– Je n'entends…

Puis elles entendent toutes les deux. Des voix et des rires. Elles se dévisagent, stupéfaites. Il y a quelqu'un dans la maison avec elles.

Les voix s'enflent, s'affaiblissent, puis elles reviennent. Tess gémit plaintivement et s'agrippe au bras d'Abby.

– Des voleurs ! s'écrie-t-elle d'une voix qui se transforme en gémissement.

Abby met sa main sur la bouche de Tess.

– Chut ! siffle-t-elle. Veux-tu qu'ils nous entendent ?

Son cœur bat si fort qu'elle arrive à peine à entendre sa propre voix. Elles doivent déguerpir de là. En prenant Tess par le coude, elle sort de la cuisine en reculant. Si seulement elles pouvaient se rendre jusqu'à la porte d'entrée sans se faire entendre !

Un pas. Puis un autre. On entend encore des voix dans la cuisine, mais elles sont si basses qu'Abby n'arrive pas à comprendre ce qu'elles disent. Abby pense qu'ils sont entrés par effraction par les portes de jardin. Ou qu'ils ont peut-être forcé une fenêtre. Ils doivent chercher de l'argent ou des bijoux. Que vont-ils faire s'ils trouvent Abby et Tess à la place ?

Abby frissonne et recule d'un autre pas. Elle doit sortir Tess de là. Elle doit appeler la police. Elle doit…

Le pied d'Abby se pose sur une quille de plastique et elle perd subitement le contrôle de ses jambes. Elle tombe vers l'arrière en entraînant Tess dans sa chute. Son coude s'accroche sur le bord d'une petite table. Comme la table s'effondre sur le plancher, un panier de fleurs séchées vole en l'air.

Une pluie de pétales de fleurs séchées tombe sur les filles qui sont couchées sur le plancher, paralysées par la peur. Les voix se taisent dans la cuisine.

7 Une intervention stupide

Un pétale atterrit sur le nez d'Abby. Le pétale chatouille, mais elle trop terrifiée pour l'enlever. Elle regarde le couloir fixement en osant à peine respirer.

Il ne se passe rien.

–Crois-tu qu'ils nous ont entendues ? chuchote Tess aussi doucement qu'elle le peut.

Abby se pose la même question. Elle s'attend à tout moment à ce qu'un voleur masqué surgisse devant elles. Les secondes s'écoulent avec lenteur. Puis, elle entend des pas. Ils sont légers au début, mais ils deviennent de plus en plus forts au fur et à mesure qu'ils s'approchent.

Abby essaie d'avaler et met ses bras autour de Tess pour la protéger. Elle ferme les yeux en serrant fort, trop effrayée pour regarder.

Un museau humide frôle sa joue et Abby ouvre brusquement les yeux. Prissy respire fort ; elle expire par les narines en faisant HUH ! HUH ! HUH ! La joue d'Abby est mouillée.

–Prissy ! s'exclame Tess.

Elle se jette au cou du porcelet.

–Tu es saine et sauve !

Prissy grogne de nouveau et Abby se baisse vivement afin d'éviter son groin mouillé.

–Tais-toi, Tess, ils vont t'entendre, murmure Abby désespérément.

Tess penche de nouveau sa tête de côté.

–Je les entends encore, réplique-t-elle en chuchotant.

Prissy se dégage des bras de Tess et traverse le couloir en courant, puis elle s'arrête et regarde derrière elle. On dirait qu'elle attend que les filles la suivent. Elle grogne de nouveau et disparaît dans la cuisine.

–Fichons le camp d'ici, dit Abby en gardant sa voix basse.

Elle se lève péniblement. Avant que ça tourne vraiment mal.

–On ne peut pas laisser Prissy, gémit Tess.

–Il ne lui arrivera rien, réplique Abby en prenant Tess par le bras. C'est nous qui sommes en danger. Allez, viens !

Tess dégage son bras et traverse le couloir à toute allure.

–Je n'abandonnerai pas Prissy ! s'écrie-t-elle en disparaissant dans la cuisine à la recherche de sa nouvelle amie.

Abby regarde fixement dans sa direction, sidérée. Comment Tess peut-elle faire une chose pareille ? Pourquoi agit-elle toujours sans réfléchir ? Elle les met toutes les deux en danger. Abby lance un dernier regard mélancolique vers la porte d'entrée, puis elle prend une grande respiration et se dirige vers la cuisine.

Il n'y a personne.

Mais les voix sont plus fortes maintenant. Abby se rend jusqu'à la chambre de Prissy sur la pointe des pieds, mais il n'y a personne, là non plus. Perplexe, elle retourne à la cuisine. Où est passé tout le monde ?

Elle aperçoit ensuite quelque chose qu'elle n'avait pas remarqué auparavant. Un escalier se cache dans le coin le plus reculé de la cuisine, juste au-delà du réfrigérateur. Des marches recouvertes d'une moquette mènent au premier étage où doivent se trouver les chambres. Tess et Prissy seraient-elles grimpées là-haut ?

Abby monte quelques marches, puis elle s'arrête. Les voix sont maintenant plus fortes. Elle entend également de la musique. Elle monte deux autres marches en hésitant. Puis deux autres. Plus elle monte, plus les voix sont fortes. Tess n'a tout de même pas pu grimper là-haut…

Abby essaie d'avaler et continue de monter. Grâce à la moquette épaisse, elle grimpe vers le premier étage sans faire un bruit. Les voix deviennent plus distinctes et étrangement familières. Perplexe, Abby écoute intensément. C'est comme si elle les avait déjà entendues quelque part.

Elle monte à l'étage avec méfiance. Six portes tapissent les murs d'un long corridor. Elle s'avance sur la pointe des pieds vers la porte ouverte d'une penderie. Rassemblant son courage, elle jette un coup d'œil furtif à l'intérieur de la pièce.

Un lit à colonnes occupe la partie la plus éloignée de la chambre. Du tissu blanc vaporeux est enroulé autour des colonnes et fixé en place par des cordons soyeux. Il y a un tabouret bas rembourré au bout du lit.

Et là, sur le lit, il y a Tess et Prissy, qui semblent bien confortablement installées au centre d'une montagne d'oreillers à fanfreluches. Elles regardent la télévision.

Les voix proviennent d'une émission de télévision.

8 De la mousse de savon au chocolat ?

Abby grogne. Mme Fitzpatrick doit avoir laissé le téléviseur allumé par mégarde. Il n'y a pas de voleurs. La maison n'est pas en train de se faire saccager et leurs vies n'ont jamais été en danger. Elle se sent subitement ridicule.

– Qu'est-ce que tu fais ? demande-t-elle d'un ton brusque à sa sœur.

Tess est étendue sur le ventre, le menton appuyé sur ses mains. Prissy est allongée à côté d'elle.

– On regarde un gars qui fait de la mousse au chocolat, répond Tess calmement.

– Quoi ? s'écrie Abby.

Comment peut-elle être étendue là aussi nonchalamment quand, il y a à peine quelques secondes, elles craignaient pour leurs vies ?

– Prissy aime ça, répond Tess, les yeux de nouveau rivés sur l'écran du téléviseur. Mais je me demande si ça ne va pas goûter le savon.

Abby regarde le téléviseur fixement. Un homme vêtu d'un tablier est en train de fouetter quelque chose dans un bol. Il raconte une blague et le public rit. On passe ensuite à un message publicitaire et la chambre se remplit de musique. Elle s'approche du téléviseur et l'éteint.

Ce n'est qu'une stupide émission de télé.

Tess et Prissy lui lancent des regards furieux.

–On veut voir la mousse de savon, proteste Tess.

–Ce n'est pas ce genre de mousse-là, dit Abby en poussant un soupir. Ça se dit de la même façon, mais… et puis laisse tomber, je t'expliquerai plus tard. Allez, Prissy doit déjeuner.

En entendant le mot « déjeuner », Prissy se rend au trot jusqu'au bout du lit et se sert du petit tabouret pour descendre. Elle file droit sur l'escalier. « Peut-être qu'elle comprend », se dit Abby.

Les deux sœurs suivent Prissy dans la cuisine.

– Tu pourrais mesurer la nourriture sèche, suggère Abby. Je vais voir ce qu'il y a de bon dans le frigo.

– Ouah ! répond Tess aimablement en se dirigeant vers la chambre de Prissy.

– Assure-toi que c'est exactement le contenu d'une pelle, crie Abby.

Elle jette un coup d'œil à Prissy, qui attend patiemment son plat de nourriture. Son dos courbe légèrement sous le poids de son ventre.

– Sur les ordres du médecin, dit Abby en souriant au cochon.

Prissy grogne avec avidité.

– Ouais, ouais, je sais.

Abby entre la tête dans le réfrigérateur.

– Qu'est-ce que les cochons aiment manger pour déjeuner ?

Le réfrigérateur est rempli de légumes. On se croirait au rayon des fruits et légumes à l'épicerie. Abby se dit qu'il est trop tôt pour du brocoli, du céleri ou des patates douces. Elle ouvre l'un des bacs à légumes et à fruits et y trouve des pommes, des mandarines et des oranges.

–Une salade de fruits! lance-t-elle d'un ton triomphant.

Elle s'en met plein les bras et ferme la porte du réfrigérateur à l'aide de son pied. Ensuite, elle dépose son chargement de fruits sur la surface de travail et cherche un bol et un couteau aiguisé.

–Voilà, annonce Tess, qui revient avec une pelletée rase de granules secs.

–C'est bien, dit Abby. Mets ça dans son plat et donne-lui de l'eau fraîche.

Prissy commence à manger avant même que Tess ait terminé de transvider la nourriture dans son plat. Tess ramasse le plat d'eau et l'apporte jusqu'à l'évier en riant nerveusement. Le temps qu'elle revienne, il ne reste presque plus de nourriture sèche.

Abby tranche les mandarines et les oranges et les laisse tomber dans un grand bol. Ensuite, elle ajoute une pomme hachée, des tranches de banane et des raisins verts. Elle examine fièrement le mélange tout en le remuant avec une cuillère de bois. La préparation est appétissante. Elle fourre un morceau de pomme dans sa bouche et le croque bruyamment.

–Miam ! fait Tess en piquant un raisin.

–OK, OK ! Laisses-en pour Prissy ! dit Abby.

Elle met le bol sur le plancher. Prissy pousse un cri de joie et commence à dévorer les fruits frais.

–Je vois pourquoi on les appelle des cochons, dit Abby avec un sourire ironique.

Prissy mange rapidement en se léchant les babines et en mastiquant la bouche grande ouverte. Elles la regardent tout engloutir jusqu'à la dernière bouchée. Ensuite, elle boit son eau à grand bruit. Lorsqu'elle a terminé, elle lève les yeux vers les filles avec l'air d'attendre quelque chose.

–Il n'y en a plus, dit Abby en riant. Tu oublies que tu dois surveiller ta ligne.

Prissy semble déçue.

–Est-ce qu'on peut aller jouer dehors maintenant ? supplie Tess.

–C'est une bonne idée, répond Abby. Le

soleil entre à flots par les portes de jardin. Allez-y, vous deux. Moi, je vais nettoyer tout ça.

Tess jappe joyeusement et ouvre les portes brusquement. Une bouffée d'air frais envahit la cuisine en apportant avec elle le chant des oiseaux et l'odeur du gazon fraîchement coupé. Tess et Prissy se précipitent à l'extérieur.

Abby ramasse le bol qui contenait la salade de fruits et l'apporte à l'évier. Après l'avoir rincé à l'eau chaude, elle le tourne à l'envers dans l'évier afin qu'il sèche en s'égouttant. Elle va probablement s'en servir de nouveau demain au moment de nourrir Prissy.

Elle revoit mentalement l'aide-mémoire de Mme Fitzpatrick. Prissy a eu de la nourriture et de l'eau. Tess joue avec elle. Qu'est-ce qui vient ensuite ?

Ah oui ! Elle s'en souvient sans enthousiasme. Elle doit vider le bac à litière.

9 Prissy proteste

Abby se dirige vers la chambre de Prissy en poussant un soupir. Comme Tess a laissé le sac de nourriture grand ouvert, Abby doit le fermer. Elle se met à genoux sur la moquette à côté du panier d'osier et replace l'édredon. Elle ramasse les jouets et les remet à leur place. En peu de temps, la chambre est bien rangée.

Elle ne peut plus le remettre à plus tard. Il est temps de s'occuper du bac à litière.

Mme Fitzpatrick lui a montré exactement quoi faire. Abby enfile une paire de gants de caoutchouc et prend le bac par sa poignée. Il est plutôt léger, mais ce qu'il y a à l'intérieur se déplace contre les parois de plastique.

Abby fait une grimace. Elle tient le bac à litière aussi loin d'elle que possible et marche rapidement vers la cour.

–Beurk, dégueulasse !

Tess pousse un jappement et court à toute vitesse à l'autre bout de la cour.

Abby continue à marcher. Tess n'aide vraiment pas. Demain, elle va lui faire nettoyer le bac à litière. Lorsqu'elle arrive à la poubelle,

elle s'aperçoit qu'elle a retenu son souffle. Elle expire en faisant un grand WHOOSH !

Elle remet le bac vide à sa place et le remplit de litière pour chats. Ensuite, elle se précipite dans la salle de bains pour laver les gants, puis elle les met à sécher.

–Je ne suis pas fâchée d'être débarrassée de ça, dit-elle tout haut.

Elle jette un coup d'œil à sa montre. Il lui reste une demi-heure. Juste assez de temps pour passer un bon moment avec Prissy.

Mais qu'est-ce que les cochons ballonnés aiment faire ? Elle se sentirait stupide de rouler dans l'herbe avec Prissy comme le fait Tess. Elle pourrait installer les quilles de plastique afin de jouer une partie. Un instant. Elle est censée garder un animal de compagnie, pas un enfant.

Les contenants dans l'armoire de la chambre de Prissy attirent son attention.

–Du shampooing à la papaye, une lotion hydratante à la mangue…, lit-elle à voix haute.

Quels merveilleux noms fruités. Ils lui donnent une idée.

Abby saisit les contenants et se dirige vers l'extérieur. Elle aperçoit Tess et Prissy dans le carré de sable. Tess est en train de creuser avec ses mains et Prissy l'aide avec son groin. Elles sont toutes les deux couvertes de sable.

« C'est parfait », se dit Abby. Armée de ses potions parfumées, elle s'approche du carré de sable d'un air décidé.

– Tu veux nous donner un coup de main ? demande Tess.

Elle secoue ses cheveux afin d'en extraire le sable.

– Non, répond Abby. C'est l'heure du bain. Va chercher le tuyau.

– Hourra ! crie Tess.

Elle se précipite sur le tuyau qui est enroulé au coin de la maison. Tess appuie sur la gâchette en tenant le tuyau comme une arme.

Elle atteint Abby à l'épaule.

– Dirige-le vers la piscine, Tess !

Abby se tasse tandis qu'un autre jet d'eau est tiré dans sa direction.

– Hé ! crie-t-elle. On est ici pour travailler, pas pour jouer.

– Excuse-moi, dit Tess en riant sottement.

Elle dirige le tuyau vers la pataugeoire.

Pendant que la piscine se remplit, Abby entre discrètement dans la maison afin de trouver quelque chose pour assécher Prissy. Une fois dans la salle de bains, elle hésite. Toutes les serviettes sont épaisses et pelucheuses. Va-t-elle s'attirer des ennuis si elle en prend une pour Prissy ? Elle pense à la belle chambre du cochon et à son édredon doux, puis elle saisit la plus jolie serviette de la pile.

Abby jette la serviette sur l'herbe à côté de la piscine et va fermer l'eau. Tout est prêt. Mais il manque quelque chose.

–Où est Prissy ? demande-t-elle à Tess.

Elle tente d'ignorer une certaine anxiété qui se manifeste soudainement.

–Elle était ici il y a une minute, répond Tess.

Elle hausse les épaules. Peut-être qu'elle ne veut pas prendre de bain.

–Voyons donc, réplique Abby. Comment veux-tu qu'elle sache ce qu'on est en train de faire ?

–Elle est pas mal intelligente, dit Tess. Elle a vu le contenant de shampooing et la piscine se remplir d'eau. Je parie qu'elle se cache.

–Ne sois pas ridicule, dit brusquement Abby. Tu agis comme si elle était une vraie personne. Ce n'est qu'un cochon pour l'amour de Dieu.

Elle commence à en avoir assez. C'est Abby qui commande, pas Prissy. Et qu'elle le veuille ou non, Prissy va prendre un bain.

–Je suis contente que Prissy ne t'aie pas entendue dire ça, réplique Tess en ronchonnant.

Elle se croise les bras sur la poitrine et lance un regard furieux à sa sœur.

–Prissy ! crie Abby. C'est le temps de prendre ton bain.

–Ne dis pas ce mot-là, insiste Tess. Elle n'aime pas les bains. Elle pourrait se fâcher contre toi.

–Prissy ! C'est l'heure du bain ! crie-t-elle plus fort. Allons, ma grande, où es-tu ?

Il n'y a pas de réponse. Abby et Tess fouillent la cour, mais Prissy n'est pas là.

–Ça ne marche pas, constate finalement Abby.

Elle essaie de réfléchir. Il n'y a rien à ce sujet dans ses notes. Elle doit faire sortir Prissy de sa cachette en l'attirant. Il lui faut quelque chose d'irrésistible. « De la nourriture », se dit Abby. Voilà ce qu'il faut.

–J'ai besoin d'un appât, annonce-t-elle à Tess.

À l'intérieur de la cuisine, quelque chose

craque sous sa chaussure. C'est du sable. Une traînée de sable sur le plancher de linoléum la conduit tout droit à la porte de la chambre de Prissy.

–Ah, ah ! s'exclame Abby. Je sais que tu es là !

Comme elle s'y attendait, Prissy est dans son panier, la tête enfouie sous l'édredon qu'Abby avait si soigneusement arrangé. Le reste de son corps est entièrement visible. Sa queue tremble quand Abby dit son nom, mais elle s'entête à garder sa tête dissimulée.

Abby s'assoit à côté du panier. Elle gratte l'oreille de Prissy comme elle a vu Tess le faire. La peau de Prissy est étonnamment agréable au toucher. Son pelage fin est doux sous ses doigts. Abby gratte encore et Prissy semble se détendre. Le porcelet sort tranquillement la tête de l'édredon.

–C'est ça, dit Abby d'une voix apaisante. Il n'y a pas de quoi avoir peur. On va seulement prendre un bon bain savonneux.

10 Drôles de céréales

Dès qu'Abby prononce le mot « bain », Prissy s'écarte brusquement d'elle et enfouit de nouveau sa tête sous l'édredon. Abby se mord la lèvre. Il faut croire que Tess a raison. Le mot « bain » doit figurer parmi les quinze termes qu'elle connaît et ce n'est manifestement pas l'un de ses préférés.

Abby doit encore gratter Prissy pendant plusieurs minutes avant de pouvoir l'amadouer de nouveau. Cette fois-ci, Abby évite de mentionner le mot en question. Elle parle plutôt à Prissy des choses qu'elle croit que les cochons peuvent aimer. Abby ne sait pas que les expressions « flaque de boue » et « buffet à volonté » font également partie du vocabulaire de Prissy, mais elles semblent avoir un effet calmant sur elle.

En la prenant par sa taille grassouillette, Abby soulève Prissy et se dirige vers l'extérieur. Prissy est vraiment lourde pour un porcelet qui n'a pas encore trois mois. Les bras d'Abby sont sur le point de tomber au moment où elle s'effondre sur l'herbe avec Prissy, à côté de la pataugeoire.

–Pouah ! souffle-t-elle. Veux-tu la surveiller une minute, Tess ? Je dois reprendre mon souffle.

Prissy est assise le dos tourné à la piscine. Elle ne veut même pas voir l'eau.

–Bon, finissons-en avec ce… euh !… b-a-i-n.

Abby se sent ridicule d'avoir à épeler le mot afin que Prissy ne puisse pas le comprendre, mais elle ne prend aucun risque.

Malgré toute leur bonne volonté, elles n'arrivent pas à mettre Prissy dans la piscine. Elles la poussent, la tirent, la supplient et la cajolent. Rien n'y fait. Prissy se bute et refuse de bouger.

Abby est maintenant en sueur. L'eau claire et froide est terriblement tentante. Elle se dit que Prissy doit avoir chaud, elle aussi. Rien dans ses recherches n'indique que les cochons ballonnés puissent avoir peur de l'eau. En fait, les jours où le mercure grimpe, il est recommandé de les laisser patauger dans de l'eau pour qu'ils ne souffrent pas de la chaleur. Qu'est-ce qui ne tourne pas rond avec Prissy ?

–Laisse tomber, dit finalement Abby. Ça ne marchera pas. Je pensais que ça aurait été amusant de lui donner un bain, mais…

Une idée lui vient tout à coup à l'esprit. Elle sait exactement qui appeler ! Sa grand-mère Ida saurait exactement quoi faire. Abby se précipite sur le téléphone dans la maison.

– Allô ? répond la voix familière de sa grand-mère.

– Allô mamie ? C'est moi, dit Abby.

Elle va droit au but.

– As-tu une suggestion ? lui demande-t-elle, après lui avoir expliqué la situation.

Sa grand-mère pousse un petit rire.

– Par ici, les cochons n'ont pas de piscines. Malgré que je connais une dame qui donne un bain de lait à son cochon champion avant de l'emmener à la foire du coin. Je pourrais lui donner un coup de fil.

Les portes de jardin s'ouvrent violemment et Tess entre dans la cuisine à toute vitesse. Elle se met à fouiller dans les armoires en ignorant Abby.

– Ouah ! s'écrie-t-elle en prenant une boîte de céréales.

Puis elle disparaît à travers les portes.

– Euh ! Il faut que je te laisse, mamie, dit Abby à la hâte. Merci quand même.

Abby court après sa sœur.

–Tess ! Qu'est-ce que tu penses que tu fais ?

–Regarde, dit Tess en s'affalant sur l'herbe à côté de Prissy.

D'abord, elle la laisse renifler la boîte. Ensuite, elle verse deux ou trois céréales en forme de « o » dans sa main qu'elle tend sous le groin de Prissy. Le cochon les engloutit. Puis, avant qu'Abby puisse l'en empêcher, elle verse tout le contenu de la boîte dans la pataugeoire. En l'espace de quelques secondes, la piscine ressemble à un bol de céréales géant.

–Hé ! proteste Abby. Quel gâchis tu fais !

–Attends, lui dit Tess.

Prissy regarde la pataugeoire et s'approche petit à petit afin d'y voir de plus près. Les céréales en forme de « o » flottent de façon

invitante sur la surface de l'eau. En lançant un regard de défi à Abby, Prissy monte dans la piscine.

–Hourra ! crie Tess.

Elle rejette la tête en arrière et hurle de joie.

Prissy plonge son groin dans l'eau et commence à ramasser les morceaux de nourriture trempés. C'est l'occasion pour Abby de passer à l'action. Elle saisit le shampooing et la brosse à soies souples et frotte rapidement le dos, le ventre et les pattes de Prissy. Lorsque le dernier « o » disparaît, le bain est terminé.

Abby sort Prissy de la piscine en forçant et la tient fermement tandis que Tess rince à l'aide du tuyau les morceaux de céréales qui sont restés collés à sa peau. Abby la sèche ensuite avec la serviette. Elles terminent le bain en appliquant sur sa peau de l'hydratant à la mangue. Prissy grogne avec contentement.

Le temps qu'elles retournent Prissy bien en sécurité dans la maison et qu'elles rangent la cour, elles ont passé, non pas une, mais deux heures en sa compagnie.

Abby ferme à clé la porte d'entrée et retourne à la maison à pied avec Tess à ses côtés.

Elle n'est pas à l'aise dans ses vêtements mouillés, qui collent à son ventre et à ses jambes, elle a mal aux bras à force d'avoir transporté Prissy, et elle sent la papaye, la mangue et les céréales.

Mais malgré tout cela, elle meurt d'impatience de revenir demain !

11 Après l'ouragan

Lorsque les deux sœurs arrivent chez Mme Fitzpatrick le lendemain matin, la première chose qu'Abby remarque, c'est le désordre.

On dirait qu'un ouragan est passé par la salle de séjour. Des jouets sont éparpillés un peu partout, comme d'habitude, mais le reste de la pièce attire l'attention d'Abby. Les coussins du canapé et des chaises ont été jetés par terre, des vases et des bibelots ont été renversés et de petites tables sont sens dessus dessous sur le plancher. C'est une zone sinistrée.

–Qu'est-ce qui est arrivé ? demande Tess, qui regarde fixement le chaos, les yeux écarquillés.

–Je ne sais pas, répond Abby en regardant autour d'elle d'un air consterné. Ce n'était certainement pas comme ça quand on est parties.

Abby traverse la pièce avec hésitation. Puis elle s'arrête net.

–Écoute, murmure-t-elle.

On entend des voix, des rires et de la musique.

– Le téléviseur fonctionne encore. Je suis certaine de l'avoir éteint hier.

Tess dévisage sa sœur anxieusement.

– Crois-tu qu'il y a vraiment des voleurs cette fois ?

Abby hausse les épaules. C'est peu probable, mais comment expliquer que la salle de séjour ait été saccagée ? Et les téléviseurs ne s'allument pas tout seuls.

– Prissy ! gémit Tess. Il faut la trouver !

Abby sait qu'elle ne réussira jamais à faire sortir Tess de la maison si elle estime que Prissy est en danger. Il est même inutile de lui demander de partir. Tess peut être aussi têtue qu'un bouledogue.

– Très bien, chuchote Abby. Mais tu restes avec moi, d'accord ?

Tess acquiesce d'un signe de tête. Elles avancent petit à petit vers la cuisine en se tenant par la main. Il n'y a personne. Pas plus que dans la chambre de Prissy. Elles n'entendent que le son du téléviseur de la chambre de Mme Fitzpatrick qui flotte jusqu'au bas de l'escalier.

Elles montent l'escalier à pas de loup.

« ...à feu vif afin que la saveur soit uniforme », dit la voix enjouée de l'animateur de télévision. En tranchant vos légumes à l'avance, vous réduirez le temps de préparation. »

Abby et Tess se jettent des coups d'œil. Quel genre de criminel regarderait une émission culinaire ? Elles montent les dernières marches et se rendent sur la pointe des pieds jusqu'à la porte de la chambre.

Il n'y a personne, sauf le chef de l'émission qui fait sauter quelque chose dans un wok. On n'entend plus qu'un grésillement dans la chambre. Un cri de joie s'échappe du lit à colonnes.

Abby et Tess regardent le lit fixement. Prissy est couchée au beau milieu du lit, pratiquement enfouie sous les oreillers. Elle les accueille avec un jappement.

–Ça doit être son émission préférée, dit Tess en riant sottement. Ça parle de nourriture !

–Ouais, mais comment la télé s'est-elle allumée ? demande Abby. Je veux bien croire que Prissy est assez futée, mais elle est beaucoup trop courte pour atteindre le bouton de mise sous tension. Quelqu'un d'autre l'a mis en marche, quelqu'un qui n'était pas censé être ici.

Tess saute sur le lit à côté de Prissy. Elles se saluent en jappant joyeusement, puis elles s'installent confortablement pour regarder le chef préparer une assiette de nouilles longues et minces.

–C'est peut-être un fantôme, suggère Tess, qui semble emballée par l'idée.

–Les fantômes n'existent pas, réplique

Abby automatiquement. Il y a sûrement une explication rationnelle.

Abby se dit qu'il y a peut-être eu un survoltage. Quand cela arrive à l'appartement, l'électricité clignote.

Elle regarde le téléphone sur la table de nuit de Mme Fitzpatrick. S'il y a eu un cambriolage, il faut qu'elle appelle quelqu'un. Mais si elle appelle la police et que ce n'était qu'un survoltage, elle va se sentir plutôt stupide. Et si elle appelle ses parents, ils ne la laisseront peut-être pas terminer son contrat. Et Prissy devra aller au chenil.

Mme Fitzpatrick compte sur elle. Prissy compte sur elle.

– Allons préparer le déjeuner, déclare enfin Abby.

Même si elle n'a pas encore décidé ce qu'elle va faire, elle n'est tout de même pas pour laisser Prissy mourir de faim tandis qu'elle réfléchit.

Prissy saute sur le tabouret, puis sur le plancher. Ses pattes courtes sont un mouvement confus tandis qu'elle descend l'escalier au trot devant elles. Le temps qu'Abby et Tess arrivent dans la cuisine, Prissy est déjà à les attendre à côté de son plat de nourriture. Tess va chercher la nourriture sèche tandis qu'Abby jette un coup d'œil dans le réfrigérateur.

– N'oublie pas de fermer le sac ce coup-ci, crie Abby distraitement.

Elle pense encore au téléviseur. Le téléviseur s'est peut-être allumé à cause d'un survoltage, mais comment expliquer le désastre dans la salle de séjour ? Un survoltage ne peut pas être responsable de cela.

Abby pose une pomme de chou-fleur et des fleurons de brocoli sur la surface de travail. Prissy aurait-elle mis la pièce à l'envers toute seule ? Peut-être qu'elle leur en voulait de l'avoir laissée seule et qu'elle a piqué une colère. Ou elle était peut-être fâchée à cause du bain.

Est-ce possible ?

12 Le dilemme d'Abby

Abby hache les légumes et les met dans le bol. Son regard se pose au hasard sur le téléphone. Devrait-elle appeler quelqu'un ?

Prissy mange les légumes en un rien de temps, puis elle tourne son attention vers les granules et son plat d'eau. Lorsqu'elle a terminé, elle laisse échapper un bruit qui ressemble étrangement à un rot.

« Je ferais mieux d'appeler maman et papa », se dit Abby à contrecœur. Elle va dans la salle de séjour et regarde autour d'elle en espérant ne pas avoir à faire l'appel.

Au même moment, Prissy fonce à côté d'elle. En se servant de son groin en guise de levier, elle renverse une plante empotée. La terre se répand sur la moquette et Prissy renifle à travers les racines de la plante.

– Prissy est encore fâchée, affirme Tess. Je t'avais bien dit qu'elle n'aimait pas les bains.

Abby regarde le porcelet fixement, incapable de dire un mot. Prissy renifle et s'approche d'un air décidé d'une petite table sur laquelle se trouve un ensemble de minuscules figurines de porcelaine.

Elle pousse sur la base de la table avec sa tête en grognant, ce qui la secoue violemment.

Tess se précipite sur la table afin de la stabiliser.

– Tu vois ?

– Tu crois qu'elle fait tout ça juste parce qu'elle est contrariée ? demande Abby.

Than ! Than ! Than ! Prissy donne des coups de tête contre la patte de la table de salon.

– OK, OK ! s'écrie Abby.

Elle éloigne Prissy des meubles et la gratte derrière les oreilles afin de la calmer. Prissy doit avoir piqué une colère.

– J'imagine que ce serait ridicule d'appeler la police juste pour signaler une pagaille.

– Ouah ! acquiesce Tess. Allons jouer dehors !

– Après avoir rangé tout ça, dit Abby en lançant un regard furieux à sa sœur. Et pas comme tu le fais à la maison. Cette fois-ci, on range comme il faut.

Tess grogne. Même Prissy semble déçue. Mais Abby tient son bout.

– Toi, tu ramasses, dit-elle. Moi, je vais essayer de trouver l'aspirateur.

En peu de temps, la salle de séjour est de retour à la normale. Tess et Prissy sortent de la maison à toute allure en poussant des cris de joie. Abby décide de rincer le bol de nourriture. Au moment où elle s'apprête à quitter la cuisine, elle remarque le four à micro-ondes.

Si un survoltage bizarre a allumé le téléviseur, comment se fait-il que les chiffres de l'horloge du micro-ondes ne clignotent pas ?

Abby pense au téléviseur mystérieux qui s'allume seul tous les matins. Comment est-ce possible ? Quelqu'un doit se faufiler dans la maison pendant la nuit. Mais c'est insensé. Quelle espèce de rôdeur se contenterait de pénétrer en douce dans une maison pour regarder la télé au lieu de la voler ?

Abby est également embêtée de savoir qu'on a violé l'intimité de Mme Fitzpatrick. Abby sait à quel point l'intimité est importante. Partager une chambre avec Tess est amusant, mais cela signifie qu'elle n'est pratiquement jamais seule. Et elle a besoin de solitude pour tenir son journal ultra-secret. Elle le cache tout au fond du tiroir de son bureau. Même Tess en ignore l'existence. Parfois, quand elle veut écrire dans son journal à tout prix, elle pénètre en douce dans la salle de bains. C'est la seule pièce de l'appartement où on peut fermer la porte à clé.

Ce n'est pas qu'elle ne fait pas confiance à Tess, c'est juste que certaines choses sont personnelles. Afin de s'assurer que Tess n'a ni trouvé ni lu son journal, Abby a un moyen secret de savoir si quelqu'un y a touché. C'est un truc de Rachel qui a deux frères fouineurs.

Son truc se résume à ceci : quand Abby a fini d'écrire, elle place soigneusement un bout de fil sur une page. Si quelqu'un ouvre le journal, le fil tombe. Abby retient l'endroit exact où elle a mis le fil et elle le saurait si quelqu'un le remettait à la mauvaise place. À vrai dire, elle n'a jamais eu l'occasion de vérifier si le truc marche, mais Rachel lui a juré qu'il est à toute épreuve.

Abby se mord la lèvre en se concentrant. Elle pourrait faire la même chose avec la maison de Mme Fitzpatrick ? Elle trouve Tess et Prissy en train de jouer avec un ballon de plage dans la cour.

– Hé ! lance Abby. J'ai besoin de ton aide.

– Pour quoi faire ?

– Tu verras bien, répond Abby sur un ton animé. On va résoudre ce mystère une bonne fois pour toutes !

13 Le piège

–Résoudre le mystère ? répète Tess, en dévisageant Abby. Comment ?

Abby baisse prodigieusement la voix.

–Avec un piège, répond-elle.

Tess se gratte derrière l'oreille gauche, perplexe.

–Tu veux piéger un fantôme ?

–Non, soupire Abby. Un être humain en chair et en os. Le rôdeur. Allez, je vais avoir besoin de quelques trucs.

–D'accord, dit Tess aimablement. De toute façon, je crois que Prissy a besoin d'une sieste.

Elles bordent Prissy dans son panier. Elle doit être épuisée après avoir joué avec Tess, car elle ferme les yeux avant même que les filles quittent la chambre.

–Il y a deux portes par où on peut pénétrer dans cette maison, affirme Abby en considérant son plan étape par étape. Les portes de jardin dans la cuisine et la porte d'entrée sur la véranda. On va devoir piéger les deux.

–Ouah ! réplique Tess, prête à aider.

Elles rassemblent le matériel nécessaire. Abby trouve des ciseaux et du ruban adhésif sur la tablette qui est sous le téléphone de la cuisine. Tess découvre une bobine de fil blanc dans l'un des tiroirs de la salle de bains. Elles apportent tout le matériel à l'extérieur.

Abby tire une chaise de jardin dans l'herbe et l'installe près des portes de jardin. Elle coupe un long bout de fil. Ensuite, elle donne les ciseaux à Tess et monte sur la chaise.

–Le ruban, s'il te plaît.

Tess lui donne le ruban adhésif. Abby en déchire un petit morceau et s'en sert pour fixer l'une des extrémités du fil à l'extérieur de la maison. Ensuite, elle descend de la chaise et examine son œuvre. Le ruban est tellement transparent qu'il est à peine visible. Satisfaite, elle déplace légèrement la chaise et remonte dessus.

–Le fil, ordonne-t-elle, en tendant la main comme un chirurgien qui demande ses instruments.

Tess lui donne l'extrémité du fil qui pend sur la maison.

En tendant le fil, Abby le fixe au mur de

l'autre côté des portes. Elle le presse fermement.

–Voilà, dit-elle fièrement. Le fil traverse le haut des deux portes. Comme il est déjà très discret à la lumière du jour, il sera parfaitement invisible dans la noirceur. C'est fait.

–C'est ça, le piège ? demande Tess.

–Ben quoi ? dit Abby. Le fil ne bougera pas tant et aussi longtemps que personne n'ouvrira la porte. Mais si quelqu'un entre ou sort, clac ! Le fil va casser et on aura la preuve que quelqu'un s'est introduit dans la maison.

–C’est parfait ! L’idée m’est venue…

Abby s’arrête en pensant à son journal secret.

–…de Rachel.

–Super ! murmure Tess.

Elle regarde le traquenard fixement.

–Tu es aussi futée que Prissy.

–Viens, on va faire la même chose avec la porte moustiquaire en avant, dit Abby en ignorant la comparaison. Et demain, on saura la vérité, d’une façon ou d’une autre.

14 De bonne heure sur le piton

Le lendemain, le jour se lève sous le soleil et dans la chaleur. C'est étrange d'être à la maison un lundi. Abby est la première debout, comme d'habitude. Elle aime se lever tôt tandis que l'appartement est calme et que Tess est en train de rêver de l'autre côté de la chambre.

Abby se rend à son bureau sur la pointe des pieds. Elle jette un coup d'œil vers Tess afin de s'assurer qu'elle dort encore, puis elle sort son journal de sa cachette et retourne dans son lit. Elle surveille sa sœur, prête à cacher le journal sous les couvertures si elle se réveille.

Elle ouvre le journal doucement en

vérifiant si le fil est encore là où elle l'a laissé. Il l'est. Ses secrets sont encore bien gardés.

Elle mâchouille le petit crayon doré assorti au journal et se questionne au sujet de la maison de Mme Fitzpatrick. Si les deux sœurs y allaient aujourd'hui, que trouveraient-elles ? Les fils seraient-ils intacts ? Elle n'a tout à coup plus envie d'écrire. Elle veut absolument voir si on a déclenché les pièges !

Abby fourre le journal dans son tiroir. Elle enfile un short et un t-shirt, puis elle enlève la ficelle qui tient sa clé de la colonne de son lit et la glisse sur sa tête. Tess marmonne et se retourne.

– Réveille-toi, murmure Abby en s'approchant de ce qu'elle croit être son oreille.

Comme Tess dort tout enroulée dans ses couvertures, Abby peut difficilement savoir où elle se trouve exactement. Tess se retourne de nouveau en resserrant les couvertures autour d'elle.

– Allez, dit Abby en élevant la voix. Il faut aller jeter un coup d'œil sur Prissy.

Elle tire sur les couvertures et s'aperçoit qu'elle parle aux pieds de Tess.

– Prissy ? répète Tess d'une voix faible.

Elle s'assoit enfin dans son lit.

–Ça va, je suis réveillée.

Tess descend du lit en trébuchant et met le linge que lui donne Abby. Les yeux à moitié fermés, Tess suit Abby le long du corridor jusque dans la cuisine.

Elles trouvent leur père en train de préparer le déjeuner sur la cuisinière.

–Vous arrivez juste à temps, les filles, dit-il tandis que Tess s'affaisse dans sa chaise à la table de la cuisine. Avez-vous faim ?

Tess ne répond pas. Ses yeux se sont refermés et elle penche légèrement d'un côté.

–Pas vraiment, répond Abby.

Comment peut-on penser à manger à un moment pareil ? Elles ont un mystère à résoudre ! Quoique ça sent drôlement bon.

–Qu'est-ce que tu prépares ? demande-t-elle.

Son père agite sa spatule en l'air.

–Du pain doré... avec des grains de chocolat !

Abby se lèche les lèvres. Elle adore cela quand son père fait la cuisine. Sa mère fait bien à manger, elle aussi, mais son père aime essayer des trucs amusants comme des gaufres au beurre d'arachide et du gruau au caramel écossais.

–Enfin, je pourrais goûter à une tranche, dit-elle. Mais après ça, on doit y aller. Un boulot important nous attend ce matin.

–L'avenir appartient à ceux qui se lèvent tôt, pas vrai ? plaisante son père.

Abby prend sa fourchette et attaque son pain doré tout chaud. Avec un peu de chance, le rôdeur est tombé dans leur piège !

15 Le plan de secours

Le père dépose ses filles chez Mme Fitzpatrick en se rendant au travail. Abby gravit pratiquement les marches de la véranda en volant tellement elle est excitée. Tess n'est pas loin derrière. Que vont-elles trouver ? A-t-on déclenché les pièges ? Un rôdeur est-il vraiment entré par effraction pendant la nuit ?

Le fil blanc est tendu en travers de la porte moustiquaire exactement comme elles l'ont laissé hier.

– Si c'était un fantôme, dit Tess pensivement, il aurait simplement flotté à travers le fil. Si c'était un magicien, il aurait jeté un sort…

– Allons vérifier derrière, dit Abby en lui coupant la parole.

Elle ne veut pas entendre son baragouinage invraisemblable. Tess a parfois une imagination débordante.

C'est la même chose dans la cour. Le fil blanc n'a pas été déplacé.

– C'est bien, dit Abby, étrangement déçue.

Personne n'est entré ni sorti depuis la nuit dernière. Prissy doit être saine et sauve.

–Ouah ! fait Tess.

Elle donne un coup de patte sur les portes de jardin, impatiente de revoir sa petite amie rose.

Abby ramène lentement Tess vers la véranda. Le fil casse sans faire de bruit lorsqu'elle ouvre la porte moustiquaire. Puis elle ouvre la porte intérieure avec la clé qui pend à son cou.

–Au moins, Prissy n'a pas piqué une autre colère, dit-elle à Tess en traversant le couloir qui mène à la cuisine. Les jouets habituels sont éparpillés çà et là, mais tout le reste est en ordre.

Tess jappe en guise de salutation en espérant que Prissy coure vers elle et sa sœur.

–Prissy ! crie-t-elle.

Tandis qu'elles s'approchent de la cuisine, elles entendent un son familier.

Abby et Tess se dévisagent avec incrédulité. Le téléviseur fonctionne.

Comment cela ? Les pièges n'ont pas été déclenchés. Et elles se sont assurées par deux fois que le téléviseur était bien éteint avant de partir hier.

C'est impossible !

Abby monte les marches deux par deux. Elle trouve Prissy à sa place préférée en train de regarder le même chef dans le même tablier créer la pizza parfaite.

– Je rêve ! s'écrie Abby.

– Peut-être que Prissy peut faire de la magie, suggère Tess, hésitante.

– Elle ne fait pas de magie, rétorque Abby sur un ton brusque. Je suis certaine qu'il y a une explication parfaitement raisonnable.

– Laquelle ?

Abby dévisage Tess en regrettant de ne pouvoir en trouver une.

– Je ne sais pas ! s'écrie-t-elle. Mais il y a une explication et ça n'a rien à voir avec la magie. Je vais te le prouver !

Abby dévale l'escalier dans un grondement de tonnerre tandis que les pensées se bousculent dans sa tête. Ce qu'il lui faut, c'est un autre plan, et vite.

Demain, on est mardi et l'avion de Mme Fitzpatrick arrive à midi. Si Abby doit aller au fond de ce mystère, elle doit le faire rapidement. Le moment est venu d'appeler quelqu'un qui s'y connaît en matière d'enquêtes.

–Allô ? dit une voix endormie.

–Rachel, j'ai besoin de ton aide, dit rapidement Abby. C'est urgent.

Vingt minutes plus tard, Rachel est à la porte avec son sac à dos à l'épaule. Abby la fait entrer.

–L'as-tu apportée ? demande-t-elle anxieusement.

Rachel bâille et fait un signe de tête affirmatif.

–Oui, oui. Où la veux-tu ?

–Le téléviseur est en haut, dit Abby en regardant le sac à dos. Es-tu certaine de savoir comment t'en servir ?

–Pas de problème, assure Rachel. Ma mère m'a laissée l'apporter au cours de théâtre le mois dernier. J'étais la seule à avoir une caméra vidéo à la maison

Abby la conduit à l'étage. L'émission culinaire est terminée et Prissy commence à s'agiter.

–Voilà le téléviseur, dit-elle en le montrant du doigt.

–Oïnk ! fait Prissy.

Elle saute en bas du lit et pousse doucement la jambe d'Abby avec son groin.

–Je ferais mieux de lui donner à manger, dit-elle à Rachel. Peux-tu l'installer toute seule ?

–Bien sûr, répond Rachel qui joue déjà avec les câbles et les fils.

Prissy pousse de nouveau sur la jambe d'Abby, mais plus fort cette fois.

–OK, OK ! dit Abby en se penchant afin de la gratter derrière l'oreille. Allons préparer le déjeuner.

Abby tranche des pêches et des nectarines dans un bol qu'elle dépose sur le plancher.

Pendant que Prissy apprécie son déjeuner, Abby enfile les gants de caoutchouc jaunes et s'occupe du bac à litière. Le travail la dégoûte toujours autant, mais aujourd'hui, elle a d'autres préoccupations.

Un cochon magique. Quelle idée grotesque. Tess croit peut-être encore à ces choses ridicules, mais Abby sait qu'il y a une explication raisonnable et logique pour que le téléviseur se mette en marche tous les matins.

Et la caméra vidéo de Rachel va le prouver !

16 Voir, c'est croire

Lorsque le réveil d'Abby sonne le lendemain matin, elle saute du lit et s'habille en un temps record. Même si elle l'a réglé de façon à ce qu'il sonne une demi-heure plus tôt que d'habitude, elle ne se sent pas du tout fatiguée. Les deux sœurs ont une affaire à régler avant d'aller à l'école.

En empoignant son sac à dos, Abby embrasse sa mère sur la joue et descend l'escalier de l'immeuble derrière Tess. Rachel les rejoint devant de la maison de Mme Fitzpatrick.

–L'agent secret Katz à votre service, dit rapidement Rachel.

–Très drôle, réplique Abby, trop nerveuse en songeant à ce qu'elles risquent de découvrir chez Mme Fitzpatrick pour entrer dans le jeu.

–Est-ce que Rachel vient aussi ? demande Tess.

–Tu parles, répond Abby.

Elle se dirige vers la véranda à grands pas.

–Je vais prouver une fois pour toutes que les cochons ne font pas de magie.

Les voisins sortent leurs poubelles et vont chercher leurs journaux. Tess jappe après le facteur qui lui sourit et la salue de la main.

–Et voilà, dit Abby en mettant la main sur la ficelle pour prendre sa clé. Le moment est venu de voir ce qu'il y a sur cette bande.

Comme tous les matins, elles sont accueillies par le son du téléviseur lorsqu'elles entrent dans la cuisine. Les trois filles montent l'escalier à toute vitesse. Cette fois-ci, elles trouvent deux jardiniers en train d'expliquer comment réaliser une rocaille.

Abby laisse tomber son sac à dos sur la moquette de la chambre et éteint le téléviseur. Elle s'approche ensuite de l'étagère où Rachel a installé la caméra vidéo. La caméra est partiellement cachée par une plante touffue.

Abby la donne à Rachel qui la raccorde au téléviseur. En appuyant sur le bouton de rembobinage, Abby trouve le début de la bande vidéo et remet le téléviseur en marche.

–OK, les filles, dit-elle. Jetez un coup d'œil là-dessus.

Abby appuie sur le bouton de mise en marche. Elles peuvent distinguer clairement le lit à colonnes, le téléviseur et la porte qui mène au couloir. Après quelques minutes où il ne se passe rien, Abby appuie sur la touche d'avance rapide. Prissy apparaît tout à coup à l'écran. Toujours sur le mode d'avance rapide, Prissy traverse la chambre comme une flèche et se jette

sur le lit. Le téléviseur s'allume presque instantanément.

– Bizarre, dit Rachel doucement.

– Quoi ? s'écrie Abby.

Elle frappe le bouton d'arrêt du doigt et appuie sur le bouton de rembobinage. Elle appuie impatiemment sur le bouton de mise en marche.

Prissy entre à nouveau dans la chambre en trottant, cette fois, à une vitesse normale. Elle grimpe en rampant sur le tabouret et marche jusqu'au milieu du lit. Elle prend son temps pour s'installer à sa place habituelle en poussant les oreillers de-ci de-là avec son groin.

Abby se penche vers l'écran. Elle ne veut rien manquer. Au bout d'une minute, le téléviseur s'allume tout seul.

– Super ! murmure Tess. Prissy peut faire de la magie.

Elle regarde Rachel, puis sa sœur.

– J'avais raison !

– C'est impossible, bafouille Abby. Je rêve !

– La bande vidéo ne ment pas, dit Rachel. Ce n'est pas toi qui dis tout le temps que « voir, c'est croire » ?

– Elle n'a eu qu'à regarder le téléviseur et

il s'est allumé, chuchote Tess. Elle a des pouvoirs.

–Des pouvoirs ? Mon œil ! réplique Abby. C'est absurde.

Elle ne croira jamais que Prissy puisse avoir des pouvoirs particuliers, peu importe ce que laisse entendre la bande vidéo. Frustrée, elle donne un coup de pied sur son sac à dos.

Tess se met à danser autour de la chambre.

–Prissy a des pouvoirs, Prissy a des pouvoirs ! scande-t-elle.

Elle jappe avec excitation et se hisse péniblement sur le tabouret, puis sur le lit. Elle s'affale à la place préférée de Prissy en riant nerveusement.

L'écran devient noir.

Abby regarde fixement l'écran, sidérée. La tête lui tourne. Ce n'est peut-être pas le cochon qui a des pouvoirs. C'est peut-être le lit. Ou peut-être quelque chose sur le lit. En repoussant Tess, elle se met à lancer les oreillers de fantaisie à droite et à gauche.

–Qu'est-ce que tu fais ? crie Rachel en récupérant un oreiller qui a la forme d'un saucisson.

– Ah, ah ! crie Abby.

Elle lève le bras d'un air triomphant.

– Je l'ai trouvé !

Rachel et Tess la dévisagent.

– Qu'est-ce que c'est ? demande Tess timidement.

– La télécommande ! s'écrie Abby. Elle agite l'objet rectangulaire noir en l'air. Prissy était assise sur la télécommande tout ce temps-là. Chaque fois qu'elle prenait sa place, la télécommande faisait fonctionner le téléviseur. Je savais qu'il y avait une explication parfaitement logique. Je le savais !

Prissy apparaît dans l'embrasure de la porte, réveillée par le vacarme. Elle grogne avidement et grimpe sur le lit. Tess la serre bien fort dans ses bras.

– Je continue quand même de croire que Prissy peut faire de la magie.

Abby la dévisage.

– Hein ?

Tess affiche un large sourire.

– En tout cas, elle est capable de faire disparaître la nourriture !

17 La leçon d'Abby

Rachel range la caméra vidéo dans son étui, puis les filles se dépêchent de se rendre à l'école afin de ne pas être en retard. Abby se sent bien toute la journée. Encore une fois, un raisonnement lucide et des faits rigoureux et concrets ont prévalu.

Après l'école, Abby et Tess retournent chez Mme Fitzpatrick afin d'être payées.

–Merci, vous avez été formidables toutes les deux, dit Mme Fitzpatrick après les avoir fait entrer dans la salle de séjour. Prissy était tellement satisfaite quand je suis arrivée à la maison.

–Elle est très intelligente, dit Abby avec un sourire.

Mme Fitzpatrick ramasse Prissy et lui fait des câlins.

–C'est bien vrai, chantonne-t-elle. La petite fille à maman est la truie la plus intelligente de toute la terre, pas vrai, ma chérie ?

Prissy gigote de joie.

–Qu'est-ce que c'est? demande Tess en montrant du doigt quelque chose qui scintille autour du cou de Prissy.

–Je rapporte toujours un petit présent pour mon bébé lorsque je pars en voyage, explique Mme Fitzpatrick.

Elle soulève le menton de Prissy afin que les filles puissent mieux le voir. Le collier a été fabriqué avec des pierres roses du Rhin, brillantes à souhait. Un cœur délicat pend à l'avant du collier.

Abby s'approche. Un mot est gravé au centre du cœur: « Prissy », lit-elle à haute voix.

–Il a dû vous coûter cher, lâche Tess.

–Il n'y a rien de trop bon pour mon bébé, dit Mme Fitzpatrick en mettant Prissy par terre.

Prissy grogne et s'assoit sur son derrière. Elle pose son regard sur Abby, puis sur Tess, et de nouveau sur Abby, qui pourrait jurer que Prissy lui fait un clin d'œil.

–J'y pense, dit Abby en tentant de prendre la ficelle autour de son cou. Je vous remets votre clé. Appelez-nous si jamais vous avez encore besoin de notre aide.

Mme Fitzpatrick prend la clé et donne une enveloppe à Abby.

–J'ai un petit quelque chose pour vous aussi.

–Merci, dit poliment Abby en fourrant l'enveloppe dans son sac à dos.

–Un gros paquet de mercis, ajoute Tess avec un grand sourire.

Elle suit sa sœur jusqu'à la porte d'entrée.

–À vrai dire, je préférerais que vous l'ouvriez maintenant, dit Mme Fitzpatrick.

Abby s'arrête et sort l'enveloppe. N'est-ce pas impoli de compter l'argent devant un client ?

–Euh ! D'accord.

Comme le rabat n'est pas scellé, Abby peut ouvrir l'enveloppe facilement. Elle en retire un chèque. Mais il y a autre chose dans l'enveloppe. C'est une carte. Le devant de la carte est décoré de ballons et de chapeaux de fête et, au centre, il est écrit : « Vous êtes invitées ! » Elle ouvre la carte en jetant un coup d'œil étonné à Tess.

–Venez célébrer l'anniversaire de Prissy, lit-elle tout haut.

Le visage de Mme Fitzpatrick s'épanouit en un large sourire.

–Prissy va avoir trois mois et nous allons fêter ça. Je sais que ça lui ferait plaisir si vous veniez. Ce sera tellement amusant. J'ai engagé un clown et le restaurant préféré de Prissy se charge de la nourriture… Vous viendrez, bien sûr !

–Euh, d'accord ! dit Abby, qui n'est pas tout à fait certaine de vouloir aller à l'anniversaire d'un cochon.

Tess ne partage pas ses doutes.

–Ouah ! fait-elle avec enthousiasme. Du gâteau d'anniversaire !

Abby soupire. Les jappements, le laisser-aller, la nourriture… Tess et Prissy ont certainement beaucoup de choses en commun.

–Merveilleux ! déclare Mme Fitzpatrick.

Elle les raccompagne jusqu'à la véranda.

–Prissy s'amuse tellement dans les réceptions. Elle adore déballer des cadeaux.

Tess court devant jusqu'au trottoir, mais Abby reste en arrière. Il y a quelque chose qu'elle doit savoir.

–Mme Fitzpatrick, dit-elle en hésitant, je peux vous poser une question ? Vous êtes programmeuse en informatique et, enfin… pourquoi traitez-vous Prissy comme une enfant ? Elle est gentille et tout, mais…

Mme Fitzpatrick rit.

–Tu te demandes ce qui fait qu'une personne comme moi peut être aussi folle d'un animal de compagnie ? C'est vraiment très simple. Au travail, je suis entourée de codes, de programmes et de renseignements précis. C'est très réel et discipliné. Et très ennuyeux. Avec Prissy, je peux me détendre. Tout n'a pas besoin d'être logique, tu sais. Parfois, un peu de folie peut faire beaucoup de bien.

Abby songe aux paroles de Mme Fitzpatrick tandis qu'elle fait la vaisselle avec Tess après le souper. A-t-elle raison ? Ça fait du bien de lâcher son fou ? Abby se dit qu'elle est peut-être en train de devenir ennuyante.

–Il va y avoir un clown, dit Tess avec excitation à sa mère.

Sa mère lui donne une assiette à essuyer rapidement avec un linge à vaisselle. Il va peut-être faire toutes sortes de trucs. J'ai hâte !

–Je ne savais pas que les cochons célébraient leurs anniversaires, dit sa mère en prenant l'assiette des mains de Tess et en la séchant correctement. Est-ce que tu y vas, Abby ?

–Abby n'ira pas ! Elle pense probablement que c'est trop fou, déclare Tess. Je veux porter ma robe à pois. Elle est rose et c'est la couleur préférée de Prissy. Ou peut-être ma nouvelle robe chasuble avec plein de fraises dessus parce que Prissy adore la nourriture. Ou peut être…

–Je crois que tu as quelque chose de plus important à décider que ce que tu vas porter, l'interrompt Abby.

–Tu ne vas pas recommencer à parler de logique j'espère ? demande Tess en faisant une grimace.

Abby lui donne un petit coup de lavette savonneuse et sourit.

—Non. Je me demande seulement quel genre de présent on doit offrir à un cochon qui a tout.